LA CRITIQUE

DE

LA VISITE DE NOCES

COMÉDIE EN UN ACTE

1871

La bonne façon de juger les pièces est de se
laisser prendre aux choses, et de n'avoir ni
prévention aveugle, ni complaisance affectée, ni
délicatesse ridicule.

(MOLIÈRE.)

Il a été tiré pour les Bibliophiles :

2 5 exemplaires sur papier de Hollande.

5   —   sur papier de Chine.

3o exemplaires, numérotés.

LA CRITIQUE

DE LA

VISITE DE NOCES

COMÉDIE EN UN ACTE

EMPRUNTÉE A L'AUTEUR

DE LA

CRITIQUE DE L'ÉCOLE DES FEMMES

PAR

HENRI DE LAPOMMERAYE

PARIS

LIBRAIRIE DES BIBLIOPHILES

Rue Saint-Honoré, 338

—

1871

ACTEURS.

URANIE. — CLIMÈNE. — LE MARQUIS.
DORANTE.

La scène est à Paris, dans la maison d'Uranie.

LA CRITIQUE

DE

LA VISITE DE NOCES

COMÉDIE EN UN ACTE

SCÈNE PREMIÈRE

CLIMÈNE.

Hé! de grâce, ma chère, faites-moi vite donner un siége.

URANIE, à Galopin..

Un fauteuil promptement.

CLIMÈNE, *se laissant tomber dans le fauteuil.*

Ah! mon Dieu!

URANIE.

Qu'est-ce donc? qu'avez-vous?

CLIMÈNE.

Je n'en puis plus, le cœur me manque.

URANIE.

Voulez-vous qu'on vous délace?

CLIMÈNE.

Mon Dieu non! Ah!

URANIE.

Quel est donc votre mal, et depuis quand vous a-t-il pris?

CLIMÈNE.

Il y a une demi-heure, et je l'ai apporté du Gymnase. Je viens de voir, pour mes péchés,

l'horrible comédie de M. Alexandre Dumas fils,
la Visite de Noces. Je suis encore en défaillance
du mal de cœur que cela m'a donné ; et je pense
que je n'en reviendrai de plus de quinze jours.

URANIE.

Je ne sais pas de quel tempérament je suis, mais
j'ai vu avant-hier la même pièce, et pour moi je
pense que cette comédie serait plutòt capable de
guérir les gens que de les rendre malades.

CLIMÈNE.

Ah ! mon Dieu ! que dites-vous là ? Vous me
faites pitié de parler ainsi, et je ne saurais vous
souffrir cette obscurité de discernement. Peut-on,
ayant de la vertu, trouver de l'agrément dans une
pièce qui tient sans cesse la pudeur en alarme ?
Croyez-moi, ma chère, corrigez de bonne foi
votre jugement, et, pour votre honneur, n'allez
point dire par le monde que cette comédie vous
ait plu.

URANIE.

Moi, je ne sais pas ce que vous y avez trouvé qui blesse si violemment la pudeur.

CLIMÈNE.

Hélas! tout; et je mets en fait qu'une honnête femme ne la saurait voir sans confusion. Demandez plutôt au marquis, que j'aperçois venant avec Dorante pour vous rendre visite : il était indigné comme moi.

SCÈNE II

DORANTE, LE MARQUIS, CLIMÈNE, URANIE

URANIE.

Ah! messieurs, vous arrivez fort à propos. Nous causions, madame et moi, de la nouvelle œuvre de l'auteur du *Demi-Monde*.

DORANTE.

N'interrompez point alors votre discours et ne bougez, de grâce. Vous êtes là sur une matière qui, depuis quatre jours, fait presque l'entretien de toutes les maisons de Paris, et jamais on n'a rien vu de si plaisant que la diversité des jugements qui se font là-dessus : car enfin j'ai ouï condamner cette comédie à certaines gens par les mêmes choses que j'ai vu d'autres estimer le plus.

URANIE.

Vous en dites, paraît-il, marquis, force mal ?

LE MARQUIS.

Il est vrai. Je la trouve déplorable, morbleu ! Déplorable, du dernier déplorable, ce qu'on appelle déplorable !

URANIE.

Et vous, Dorante ?

DORANTE.

Moi, madame, je serais fort embarrassé pour formuler nettement mon opinion, et voilà, je vous assure, quatre jours que mon esprit, très-troublé par cette œuvre étrange, cherche à dégager de toutes les impressions qu'il a ressenties un jugement précis.

CLIMÈNE.

Le jugement est pourtant facile à porter. La pièce est immorale. Un mari qui présente sa femme à son ancienne maîtresse, est-ce là une situation honnête ?

DORANTE.

Je ne prétends pas que ce soit là une action fort

louable, mais l'auteur dramatique n'a pas pour mission de représenter sur la scène ce qui devrait être; il fait la peinture de ce qui est : or il arrive souvent que des hommes du monde croient ne pouvoir se dispenser de faire leur visite de noces même à leur ancienne maîtresse, quand celle-ci occupe une certaine position dans la société qu'ils fréquentent.

LE MARQUIS.

Mon Dieu! passons sur le point de départ de la comédie : je comprends que l'on doive certains égards, par exemple, à la femme de son colonel ou de son chef de division.

CLIMÈNE.

Ah! marquis, faibliriez-vous déjà?

LE MARQUIS.

J'admets donc que M. de Cigneroy vienne avec sa femme et son bébé chez Mme de Morancé; mais le devoir mondain qu'il accomplit devrait se bor-

ner à une entrevue de quelques minutes, bien so-
lennelle et bien froide : puis tout serait dit.

DORANTE.

Du train dont vous faites marcher les choses,
marquis, les situations n'abonderaient pas au théâtre, et je ne sais vraiment pas comment feraient les
pauvres auteurs dramatiques. Il est bien naturel
que Mme de Morancé, qui n'est pas tout à fait
guérie de son amour pour M. de Cigneroy, ait
envie de le retenir, de l'éprouver, et de voir si son
ancien amant s'est marié par indifférence, lassitude,
ou bien par nécessité sociale. Elle cède donc à ce
sentiment très-féminin de la curiosité de l'âme, et
elle soumet le nouvel époux à une épreuve dont je
ne conteste pas l'étrangeté, la bizarrerie, mais qui
a, au moins, le mérite de sortir de l'ordinaire,
d'être nouvelle et originale. Voilà pourquoi elle
charge son ami Lebonnard...

CLIMÈNE.

Un type de goût douteux encore, celui-là, et sa

présence me paraît singulièrement louche dans la maison. Ce Lebonnard me choque fort.

URANIE.

Pour moi, je n'entends point de mal à cela ; Lebonnard est un ami dans le sens honnête du mot, et je ne vais point concevoir d'autre pensée. Je regarde les choses du côté qu'on me les montre, et ne les tourne point pour y chercher ce qu'il n'y faut pas voir. Mais, Dorante, reprenez...

DORANTE.

Point, madame, je préfère vous écouter, car les femmes sont d'excellents critiques, et l'auteur me paraît vous compter parmi ses défenseurs.

CLIMÈNE.

Oui, oui, parlez, Dorante, reprenez votre phrase que j'ai eu tort d'interrompre. Je serais aise de voir comment vous justifierez le subterfuge de Mme de

Morancé, qui, pour connaître l'état du cœur de
M. de Cigneroy, a le front de faire raconter par
Lebonnard qu'elle a eu quatre amants, dont un, et
deux même, concurremment avec M. de Cigneroy. Singulière façon de faire regretter et estimer
le passé !

DORANTE.

Pas plus que l'auteur, madame, je ne cherche à
justifier Mme de Morancé. Je vous répète encore
que je prends l'épreuve pour ce qu'elle est, sans
m'occuper de savoir si elle est habile ou dangereuse.

CLIMÈNE.

Elle est dangereuse! Quand une femme est ca-
lomniée, fût-ce par elle-même, il en reste toujours
quelque chose.

LE MARQUIS.

D'autant plus que Mlle Desclée joue si merveilleusement sa scène d'aveu que, même une fois la vérité connue, on a peine à se persuader que Mme de Morancé n'ait pas eu les quatre amants qu'elle s'attribuait d'un cœur léger.

DORANTE.

Comme vous, je rends hommage au talent admirable de Mlle Desclée...

URANIE ET CLIMÈNE, *ensemble*.

Admirable, en vérité.

DORANTE.

Comme vous, je reconnais la hardiesse aventureuse du plan Lebonnard exécuté par Mme de Morancé, et c'est pourquoi je m'intéresse d'autant plus au spectacle des impressions que va ressentir M. de Cigneroy, alors qu'on lui dévoilera un passé dont il ne soupçonnait pas les phases diverses. Là est toute la pièce. Au premier amant qui

lui est révélé, M. de Cigneroy s'emporte et se
prend de colère, cela est naturel ; au second, l'irri-
tation est à son comble ; au troisième, c'est presque du mépris, et au quatrième....., ah! voilà où
l'auteur commence à être en dissentiment avec le
public, et surtout avec vous, mesdames; au quatrième amant, la jalousie se déclare.

LE MARQUIS.

C'est là, en effet, que la comédie commence à
devenir fausse et immorale.

DORANTE.

Et pourquoi donc, marquis?

LE MARQUIS.

Parce qu'on n'est pas jaloux d'une pareille co-
quette ; on la méprise. Le troisième sentiment de
M. de Cigneroy est le bon.

CLIMÈNE.

Très-bien! très-bien! marquis; voilà parler en sage.

DORANTE.

En sage, peut-être, mais non en moraliste qui sait observer la nature humaine. M. Alexandre Dumas fils, qui s'est, à coup, sûr beaucoup nourri de Montaigne, de La Bruyère et de La Rochefoucauld, a dû écrire le rôle de M. de Cigneroy sous l'influence de cette pensée de La Rochefoucauld : « *La jalousie naît avec l'amour, mais elle ne meurt pas toujours avec lui.* » — *La Visite de Noces* est la mise en action de cette maxime du philosophe du XVIIe siècle. Étudiez la seconde manière d'Alexandre Dumas, celle qu'il a inaugurée par *le Fils naturel*, car, ainsi qu'il l'a dit lui-même, cette comédie a été le point de départ d'un théâtre nouveau qu'il entrevoyait alors, et qu'il voit distinctement aujourd'hui, — et vous reconnaîtrez que toutes ses œuvres sont des œuvres de moraliste.

LE MARQUIS.

Mais non pas des œuvres de morale.

DORANTE.

Vous touchez une autre question, bien longue et bien grave à traiter : nous y reviendrons tout à l'heure si vous le voulez; mais, pour ne pas me détourner du sujet proprement dit, je répète que M. Alexandre Dumas fils est le La Rochefoucauld du théâtre, et que c'est en moraliste qu'il a découvert dans le cœur de Cigneroy plus de jalousie que de mépris, lorsque celui-ci s'est trouvé face à face avec la soi-disant réalité dévoilée par Lebonnard.

CLIMÈNE.

Eh bien! soit : j'admets la jalousie.

LE MARQUIS.

Ah! madame, c'est vous qui faiblissez à présent.

CLIMÈNE.

Mais faire augmenter cette jalousie en raison du nombre des fautes de Mme de Morancé, voilà qui me paraît scandaleux, et vraiment c'est une singulière école pour nous autres honnêtes femmes. Nous finirions par croire que la vertu fait les mauvais ménages.

LE MARQUIS.

Vous voyez, tels sont les fruits de semblables pièces : le doute vient dans l'âme des plus fortes.

URANIE.

J'avoue que moi qui suis fort portée à louer *la Visite de Noces*, j'ai été quelque peu choquée que la jalousie vînt si tard à M. de Cigneroy. Comment, après avoir presque subi don Alphonse et Lebonnard, est-il si jaloux de lord Camberfield, le quatrième amant de Mme de Morancé?

DORANTE.

La sensation éprouvée par Cigneroy me paraît
bien simple, madame : lord Camberfield est le dernier et l'*actuel*. L'Espagnol Cervantes a dit que la
femme qui n'aime pas ne saurait donner de jalousie. Si Mme de Morancé était dans cet état de
l'âme où l'on n'aime plus, et où l'on ignore encore si l'on aimera, M. de Cigneroy ne serait pas
jaloux; mais il y a lord Camberfield dans la vie
quotidienne de Mme de Morancé : or, si l'homme
peut oublier le passé et ne pas vouloir envisager
l'avenir, le présent du moins le mord au cœur.

URANIE.

Ah! Dorante, votre explication me désarme.

LE MARQUIS.

Je conviens également que...

CLIMÈNE.

Tout beau, tout beau, je ne capitule pas si vite, moi. On croirait, marquis, que vous avez fait partie du Gouvernement de la défense nationale. Je résiste encore. Puisque Dorante a réponse à tout, qu'il nous déclare s'il ne trouve pas horrible que M. de Cigneroy veuille si subitement abandonner sa femme, son enfant, pour suivre Mme de Morancé, j'allais presque déclare Mme de Camberfield, car la punition des femmes légères devrait être de changer de nom en même temps que d'amour : cette obligation les effrayerait peut-être.

DORANTE.

Sur ce point, madame, je vais vous donner, je crois, satisfaction, et je suis avec vous, ici, contre l'auteur. Que les charmes de Mme de Morancé et que la jalousie enivrent ou excitent M. de Cigneroy au point de lui faire retrouver toute l'ardeur de son ancienne passion, que la femme soit momentanément sacrifiée à la maîtresse, je le conçois :

c’est malheureusement humain, et très-humain. Mais le désir de Cigneroy ne devrait pas aller au delà de... Pardonnez-moi, je me sens empêché pour exprimer ma pensée : je crains de devenir un peu trop réaliste.

URANIE.

Parlez, Dorante, nous sommes femmes à ne point nous effaroucher d’une pensée exprimée en termes aussi convenables que ceux dont vous avez coutume de vous servir, et Climène elle-même a été ramenée par vous à de plus calmes sentiments.

CLIMÈNE.

Je suis obligée de reconnaître que Dorante m’a un peu retournée; et puis je suis seule : le marquis passe à l’ennemi.

LE MARQUIS.

Mais du tout, du tout, je continue à trouver la comédie déplorable.

CLIMÈNE.

D'ailleurs, Dorante, vous alliez critiquer, vous étiez en trop beau chemin, ne vous arrêtez pas : après les discours que j'ai été forcée d'entendre au Gymnase, je puis bien vous écouter, vous qui n'avez pas le langage aussi...

DORANTE.

Ne vous fiez pas trop à moi, madame ; je pense, comme M. Dumas fils, qu'on a le tort en France d'avoir peur des mots, et que c'est cette peur qui empêche les idées d'avancer.

CLIMÈNE.

Allons, allons, tel que je vous connais, vous n'eussiez pas écrit certaines phrases qui sont dans la *Visite de Noces* et qui paraissent vraiment choquantes.

LE MARQUIS.

Eussiez-vous osé risquer les : *j'étais d'avant;
don Alphonse était d'août* 1865? Et le mot de
Mme de Morancé sur l'*épouse nourrice?*

DORANTE.

En effet, il y a dans *la Visite de Noces* une certaine affectation de brutalité dans le style qui ne
me plaît point, et, à mon sens, l'auteur n'avait pas
besoin de mettre dans son œuvre ces éléments de
scandale pour qu'elle réussît pleinement. Je dis-
tingue le mot *hardi,* mais *utile,* du mot *cynique,*
qui n'est point essentiel au développement de
l'idée. Ce dernier est aussi condamnable que le
premier est nécessaire et fécond.

URANIE.

Voilà la vraie distinction, Dorante. En effet,
quand j'ai senti qu'un mot découlait forcément de

la situation et que la situation était amenée par le développement même de l'idée, je n'ai jamais été choquée. J'ai au contraire toujours été blessée par des détails scabreux que les auteurs ajoutent dans le seul but de plaire à une certaine catégorie d'auditeurs ou de lecteurs.

DORANTE.

C'est là, madame, sentir en femme honnète, et non en prude. Pourquoi ne rougissez-vous point en passant devant le gracieux tableau d'Hamon qui représente une jeune fille relevant sa petite chemise pour y mettre les graines qu'elle distribue à ses poules et à ses poussins? C'est que vous avez la sensation que l'artiste n'a pas fait un tableau immoral, et qu'au contraire la chasteté se reflète dans l'œuvre. Mais vous, femme honnète, vous n'oserez regarder sans rougir une femme qui lève la jambe dans une danse scabreuse, parce que vous serez atteinte dans votre dignité, et que vous comprendrez qu'il n'y a là qu'immoralité et recherche du scandale. Or, je crois que certains détails de *la Visite de Noces* auraient dû être retranchés par l'auteur, afin qu'il ne restât qu'une œuvre austère dans son exécution et honnête dans sa conception. Cela ne diminuerait en rien l'attrait du dialogue, qui est plein d'esprit, de verve, de pensées élevées et justes, qui est d'un style nerveux et élégant, et cela empêcherait au contraire les auditeurs de s'effaroucher. Sûr de son talent et de l'autorité de son nom, M. Alexandre Dumas a un peu trop forcé la note, et, pour habituer le public à accepter le *raide,* comme on dit de nos jours, il a pris un malin plaisir de dilettante à faire courir son archet sur la chanterelle et à en tirer les notes les plus aiguës.

CLIMÈNE.

Sur ma foi! vous expliquez à merveille les raisons de mon courroux. Ce sont les détails criards qui m'ont porté sur les nerfs et m'ont mise dans l'état où j'étais en entrant.

LE MARQUIS.

Bravo, Dorante, voilà Climène qui capitule aussi.

CLIMENE.

A condition !

DORANTE.

C'est à condition aussi que je louange. La comédie nouvelle ne me paraît point irréprochable,
quoique je la tienne presque pour un chef-d'œuvre.
Et d'ailleurs les chefs-d'œuvre eux-mêmes n'ont-ils
pas leurs parties obscures ? *Le Cid, Phèdre, le Mi-
santhrope,* ne sont pas absolument parfaits, et l'Aca-
démie a fait un volume de critiques sur le premier
de ces ouvrages. Or *la Visite de Noces* a, suivant
moi, deux défauts. Le premier, c'est cette intempé-
rance de langage qui, un peu modérée, eût laissé
le dialogue un modèle d'esprit et de style. Le second, c'est l'exagération dans laquelle, je le disais
déjà tout à l'heure, M. Alexandre Dumas fils est
tombé en faisant quitter aussi brusquement par
Cigneroy sa femme et son enfant. Je crois que
l'effet eût été le même (il eût été plus grand) si
M. de Cigneroy s'était contenté de proposer......

URANIE.

Eh bien! vous vous arrêtez encore au même point que tout à l'heure?

DORANTE.

C'est que la chose est difficile à dire. Je crois que M. de Cigneroy eût dû se contenter, — ah! j'ai ma formule! — de proposer à Mme de Morancé un nouveau pèlerinage à Lyon et au Havre, dans les chambres d'hôtel où ils s'étaient aimés déjà. Puis il serait revenu à son foyer, ayant fait croire à sa femme qu'une affaire importante l'avait retenu quelques jours. Dans cette limite, l'action infâme de M. de Cigneroy eût été comprise par le public; mais celui-ci se montre, à raison, choqué de voir un homme abandonner tout à coup et pour toujours sa maison et son bébé qui lui souriait quelques minutes auparavant. Il s'ensuit que l'on trouve le caractère du mari invraisemblable, et l'effet ainsi que la moralité de la pièce y perdent.

CLIMÈNE.

La moralité, vous allez trop loin! Grâce à votre plaidoyer, je voulais bien admettre que *la Visite
de Noces* n'est pas aussi immorale que je l'avais
cru tout d'abord; mais, quant à déclarer cette œuvre morale...

LE MARQUIS.

Jamais, au grand jamais!

DORANTE.

Nous voilà revenus à cette fameuse question de
la moralité au théâtre, qui ne saurait être posée
plus opportunément qu'à propos de M. Alexandre
Dumas fils, dont tout le théâtre, depuis *la Dame
aux Camélias* jusqu'aux *Idées de madame Aubray*,
est accusé d'immoralité, tandis que l'auteur pré-
tend, au contraire, faire œuvre de *moralisation*.
Mais une semblable discussion nous entraînerait
trop loin. Voilà dix-huit siècles, au moins, que

dure le débat, et, depuis saint Augustin et saint Chrysostôme jusqu'à Hippolyte Rigault et Veuillot, en passant par Bossuet, Fénelon, le prince de Conti, Rousseau et Voltaire, tous les Pères de l'Église, les moralistes et les philosophes, ont prodigué paroles et écrits sur ce sujet.

LE MARQUIS.

Voilà encore un point sur lequel mon opinion est faite! Le théâtre n'est pas moral.

DORANTE.

Mais il peut être moralisateur.

LE MARQUIS.

La distinction est paradoxale et...

DORANTE.

Nous disputerions là-dessus fort et ferme pendant longtemps sans que personne se rendît. Il faut un dénouement à toute discussion et à toute comédie. Or, on en chercherait longtemps sans en trouver un aussi naturel que celui que je propose pour aujourd'hui. Il est minuit : c'est, en état de siége, l'heure de se retirer. (*A Uranie.*) Madame, permettez-moi de prendre congé de vous.

LE MARQUIS.

Je pars aussi.

URANIE.

Déjà minuit! Le temps m'a semblé court.

CLIMÈNE.

Minuit! C'est affreux : j'avais promis de signer au contrat d'Henriette et d'être chez sa mère à onze heures.

DORANTE.

Presque une *Visite de Noces*, alors.

CLIMÈNE.

C'est cette horrible comédie et votre plaidoyer pour l'auteur qui m'ont fait oublier l'heure. Je suis furieuse!

DORANTE.

Vous m'en tenez rigueur, madame?

CLIMÈNE, *d'une voix douce.*

Non. Remenez-moi chez nous.

LE MARQUIS, *bas à Uranie.*

Voyez comme ce diable de Dorante sait tirer galant parti de la critique littéraire.

DES PRESSES DE D. JOUAUST

IMPRIMEUR ORDINAIRE DES BIBLIOPHILES

Rue Saint-Honoré, 338

A PARIS